AF543704

ERNST PETRY

FIX MIT TRICKS ZUM STERNE KOCH

CONVENIENCE FÜR FEINSCHMECKER

HEEL dfv

Inhalt

LUST AUF MEEHR

FÜR DIE GEMÜSELIEBHABER

DESSERTS, DIE BEGEISTERN

Vorwort

Als viertes Kind einer selbstständigen Fleischerfamilie, wurde ich schon sehr früh mit der Herkunft und Weiterverarbeitung von Lebensmitteln konfrontiert.

Nach meiner Schulzeit machte ich zunächst eine Ausbildung zum Fleischer. In dieser Zeit bemerkte ich, dass mir der Umgang mit Fleisch und das Produzieren von verzehrfertigen Lebensmitteln Freude bereitete und ich mich auf diesem Feld weiterentwickeln wollte. Mit großem Glück durfte ich dann im Jahr 1991 eine Ausbildung zum Koch in Dieter L. Kaufmanns Traube absolvieren.

In den folgenden Jahren lernte ich mit Produkten umzugehen, die ich vorher überhaupt nicht kannte. Die Begeisterung, neue Dinge zu entdecken, neue Lebensmittel zu suchen oder neue Arbeitstechniken zu erlernen, trieb mich dann in den folgenden Jahren um den Globus. Der große Schatz an Erfahrungen meiner vergangenen 30 Arbeitsjahre findet sich nun in meinem Buch wieder.

Das rasante Wachstum der Spitzen-Hotellerie weltweit hat dazu geführt, dass in der gleichen Zeit nicht annähernd genug Fachpersonal ausgebildet werden konnte. So behelfen sich viele Profiköche mit perfekt vorbereiteten Zutaten und ein paar harmonischen Geschmackskombinationen, um trotz hohem Arbeitsaufkommens ihre Gäste zu begeistern. Zeitgleich hat sich Kochen zu einer Trendsportart entwickelt, doch trotzdem feiern (internationale) Lieferdienste für Speisen aller Nationalitäten allergrößte Erfolge! Wie passt das zusammen? Alles dreht sich um den Faktor „Zeit"! Nur ein Bruchteil der Bevölkerung nimmt sich die notwendige Zeit für den Einkauf von Lebensmitteln und die spätere Zubereitung eines ausgedachten Gerichtes oder Menüs. Mein Kochbuch soll es nun allen Menschen leichter machen, die eigene Küche für mehr als nur ein Butterbrot oder ein Müsli zu nutzen.

Die Hauptdarsteller der jeweiligen Gerichte sind vorbereitete Spitzenprodukte, die man bequem online bestellen kann. So spart jeder Hobbykoch Zeit und erreicht trotzdem mit minimalem Aufwand den maximalen Applaus bei seinen Gästen.

Besonders möchte ich mich bei meinen alten Weggefährten Johannes, Mirko, Matthias, Andreas, Keita und Norman für die Inspiration und Kreativität bedanken, welche in mein Buch mit eingeflossen sind. Außerdem möchte ich meinem Freund Ralf für seine motivierende Unterstützung danken!

Ich wünsche Ihnen viel Freude mit dem Buch.

ERNST PETRY

ERNST PETRY

Vielen Dank an meine Freunde & Wegbegleiter:

Johannes Schröder - Multiplayer in Hamburg

Johannes „Hannes" Schröder ist gelernter Koch und seit über 20 Jahren in Hamburg zuhause. Hier betreibt er mittlerweile 5 Gastronomien mit unterschiedlichen Konzepten und bietet auch Catering an. Was ihn ausmacht: landfrische, hausgemachte Küche.
Hier erfahren Sie mehr: www.kuechenfreunde.net

Sternekoch Mirko Gaul - Restaurant taku, Köln

Mirko Gaul ist gebürtiger Kölner und seit 2011 Küchenchef im Restaurant taku in Köln und seit 2012 ausgezeichnet mit einem Stern. Für seine Kreationen holt er sich regelmäßig Inspirationen aus Asien.
Hier erfahren Sie mehr: www.taku.de

Matthias Ludwigs - Dessert Guru, Köln

Matthias Ludwigs ist ein deutscher Konditormeister und wurde 2009 zum Pâtissier des Jahres ausgezeichnet. Er ist seit 2009 Chef-Pâtissier im „Törtchen Törtchen" in Köln und seit 2012 Mitinhaber der Pâtisserie.
Hier erfahren Sie mehr: www.toertchentoertchen.de

Andreas Fellen - Küchendirektor KÖ59, Düsseldorf

Andreas Fellen war bis vor kurzem Küchendirektor im KÖ59 by Björn Freitag in Düsseldorf und widmet sich nun neuen kreativen Aufgaben.
Hier erfahren Sie mehr: www.fresskultur.online

Keita Wojciechowski - Sushi Chef & Autor, Köln

Keita Wojciechowski ist Sushi Chef und Autor aus Köln. Er hat japanische und deutsch-polnische Wurzeln. Er hat in einigen Restaurants, wie Hyatt Regency Cologne & Düsseldorf und Mitsukoshi Restaurant in London, gearbeitet. Aktuell konzentriert er sich auf seine Tätigkeit als Autor. Er arbeitet am zweiten Teil seiner schon erschienen Enzyklopädie der japanischen Küche.
Hier erfahren Sie mehr: www.cook-japan.com

Norman Metzig – Restaurant Byliny, Düsseldorf

Norman Metzig ist Mitinhaber des Restaurants Byliny in Düsseldorf. Hier präsentiert er gutbürgerliche Küche modern kombiniert und neu interpretiert.
Hier erfahren Sie mehr: www.byliny.de

Unterstützer:

Ralf Bos
Wolfgang Otto
Frank Brömmelhaus
Helge Unterweg, Fotograf
Rosenthal
Heel-Verlag
Sambonet

Die verwendeten Zutaten können Sie bei folgenden Anbietern erwerben. Bei den Rezepten sind jeweils die Abkürzungen der Shops vermerkt:

Legende:

BF Bos Food	bosfood.de
CHP Caviar House & Prunier	caviarhouse-prunier.de
OG Otto Gourmet	otto-gourmet.de
ST Serious Taste	stylesauce.de
TT Törtchen Törtchen	toertchentoertchen.de
HC Honest Catch	honest-catch.com
AU Aumaerk	aumaerk.com
ML Meat Lovers	themeatlovers.de
ET eatventure	eatventure.de
TLB The Lonely Broccoli	Andaz München Schwabinger Tor

Edle Kleinigkeiten

Baby-Blumenkohl

ZUTATEN FÜR 4 PERSONEN

4 Baby-Blumenkohl
120 ml Olivenöl zum Marinieren
4 TL The scRUB special pepper (ST)
100 g milde Chorizo (BF)
4 TL The scRUB special pepper (ST)
300 ml regionales Rapsöl
60 g gekochte Kichererbsen
100 ml The HouseDressing Ste/Maxime (ST)

ZUBEREITUNG

Den Blumenkohl mit Olivenöl marinieren und mit *The scRUB special pepper* würzen. Die Chorizo in feine Würfel schneiden und gut verteilt zwischen die feinen Blumenkohlröschen stecken. Den Blumenkohl bei 200 °C Umluft für 10–15 Minuten in den Ofen schieben.

Das Rapsöl in einem Topf auf 160 °C erhitzen und die Kichererbsen darin portionsweise ca. 6 Minuten frittieren, bis sie knusprig sind. Mit einem Schaumlöffel herausnehmen und auf einem Küchentuch abtropfen lassen.

Den fertigen Blumenkohl mit *The HouseDressing Ste/Maxime* übergießen und mit den frittierten Kichererbsen garnieren.

Balik-Lachs-Tatar

ZUTATEN FÜR 4 PERSONEN

320 g Balik-Tatar Basilikum & Kräuter (CHP)

200 ml Rote-Bete-Saft (BF)

2 EL salzarme Sojasauce, z. B. von Kikkoman

etwas Speisestärke

Sprossen & Keimlinge, nach Belieben

4 EL The HouseDressing Düsseldorf (ST)

5 g schwarze Oliven, getrocknet (BF)

20 g The scRUB yuzu cashew (ST)

80 g Crème fraîche

4 TL Forellenrogen (CHP)

8 Schinken-Chips (BF)

ZUBEREITUNG

Das Balik-Tatar einfach für 10–15 Minuten im Beutel in kaltem Wasser auftauen lassen.

Den Rote-Bete-Saft in einen Topf geben, erhitzen und etwas einkochen lassen. Mit der Sojasauce abschmecken. Die Speisestärke einrühren und nochmal kurz aufkochen lassen.

Den Sprossenmix mit *The HouseDressing Düsseldorf* anmachen.

Das Tatar mit einem Ring auf dem Teller anrichten, die Rote-Bete-Jus angießen, den Sprossen-Keimlinge-Mix auf das Tatar geben, mit den Oliven und dem *The scRUB yuzu cashew* bestreuen. 3 Olivenringe dekorativ auf dem Teller verteilen, Crème fraîche und den Forellenrogen auf das Tatar geben und die Schinken-Chips als knuspriges Finale oben auflegen.

Burrata di Bufalo

ZUTATEN FÜR 4 PERSONEN

400 g Kirschtomaten, halbiert (rot, orange, grün, braun, einfach alles was das Auge/Herz begehrt)

4 EL Crema di Balsamico

2 EL The Hemp Style Würzsauce (ST)

40 ml Wiberg Basilikumöl (BF)

Flor de Sal (ST)

Pfeffer aus der Mühle, nach Belieben

Zucker, nach Belieben

4 Burrata di Bufalo (à 125 g) (BF)

2 Scheiben Der echte Gaues – Oxbrot (mit Oliven) (BF)

Olivenöl zum Braten

2 EL Pesto *Gewürzgarten* (BF)

Mikrokresse für die Deko (BF)

ZUBEREITUNG

Die halbierten Kirschtomaten in eine Schüssel geben, mit Balsamico, *The Hemp Style Würzsauce* und Basilikumöl anmachen und mit Flor de Sal, Pfeffer und Zucker abschmecken. Die Tomaten mittig auf den Teller geben.

Den Burrata mittig auf die Tomaten setzen.

Das Brot in Olivenöl knusprig anbraten und auf den Tomaten anrichten.

Pesto stellenweise um und auf die Tomaten geben. Die Kresse so dekorativ wie nötig, aber so einfach wie möglich, als Deko verwenden.

Caesar-Club-Sandwich

ZUTATEN FÜR 4 PERSONEN

4 Backhendl, Hähnchenbrust oder Keule (BF)

100 g The Caesar Style Dip'n Spread (ST)

Abrieb und Saft einer halben Bio-Limette

2 EL Joghurt

1 Kopf Romanasalat, in feinen Streifen

4 Bio-Eier, Größe M

8 Scheiben Kohl-Speckbrot von Gaues (BF)

2 Strauchtomaten, in Scheiben

16 Scheiben Pancetta (BF)

1 EL Ahornsirup

40 g geriebener Parmesan

ZUBEREITUNG

Die Backhendlbrust in einer Pfanne goldbraun anbraten und im Ofen bei 160 °C Umluft 10 Minuten gar ziehen lassen. Etwas ruhen lassen und in Scheiben aufschneiden.

The Caesar Style Dip'n Spread mit dem Limettensaft und -abrieb und dem Joghurt vermischen. Die Romanasalatstreifen mit dem angemachten Spread vermischen.

Die Eier in einer Pfanne zu Spiegeleiern „over easy medium" (das Eigelb bleibt dabei flüssig) braten. Die Brotscheiben toasten, vier Scheiben mit dem Salatgemisch belegen und die Hähnchenbrustscheiben darauf verteilen. Die Tomatenscheiben und die Spiegeleier auf die Sandwiches legen. Den Pancetta ohne Fett in einer Pfanne knusprig braten und mit etwas Ahornsirup begießen. Zuletzt den heißen Pancetta auf die Sandwiches geben und die vier übrigen Brotscheiben daraufsetzen.

Die Sandwiches diagonal durchschneiden. Am besten steckt man zwei Holzspieße durch die Sandwichhälften und dekoriert diese mit Pancetta-Rollen und Parmesan. Die Sandwiches fallen so nicht auseinander und sehen köstlich aus.

Der Klassiker „Foie gras“

ZUTATEN FÜR 4 PERSONEN

80 g Mandeln, gehobelt und geröstet

80 g Pistazien, ungeröstet und ungesalzen

80 g Pumpernickel

1 ganze Gänseleber (Foie Gras) im Torchon gegart (CHP)

200 ml The HouseDressing Jo/Burg (ST)

1 Sardisches Brot (BF)

1 Schale bunter Kresse-Mix

Flor de Sal (ST)

ZUBEREITUNG

Die Mandeln, die Pistazien und den Pumpernickel rösten und fein hacken.

Die kühlschrankkalte Foie Gras auspacken und mit einem warmen, scharfen Messer in 12 Scheiben schneiden. Die Scheiben mit den Außenseiten durch die drei vorbereiteten Zutaten wälzen.

Das sardische Brot in gleichmäßige Scheiben schneiden und anschließend im Ofen oder in der Pfanne mit etwas Butter rösten.

Den Kresse-Mix mit etwas *The HouseDressing Jo/Burg* marinieren und alle Zutaten dekorativ auf dem Teller anrichten.

Doppelter Lachstataki

ZUTATEN FÜR 4 PERSONEN

4 Ora King Salmon Filets á 150 g (BF)

The scRUB special pepper (ST)

160 g Gurkenwürfel ohne Samen

80 g rote Paprika, in Würfeln

120 g The HouseDressing Singapore (ST)

Flor de Sal (ST)

20 g Frühlingszwiebel, fein geschnitten

ZUBEREITUNG

Die Lachshaut abziehen, zwischen Backpapier in einer Pfanne mit Gewicht oben langsam knusprig braten, danach auskühlen lassen und halbieren.

Die vier Lachsfilets jeweils in zwei Teile schneiden, das obere Rückteil mit je 50 g *The scRUB special pepper* bedecken, von allen Seiten scharf und kurz anbraten, innen noch roh belassen, dritteln und beiseitelegen.

Die anderen Teile der Filets fein würfeln, mit Gurke, Paprika, *The HouseDressing Singapore* und etwas Flor de Sal mischen. Die Lachsmischung in einer Schüssel anrichten und mit je 2 Hautchips dekorieren. Die drei Lachsstücke daneben anrichten und mit Frühlingszwiebeln garnieren.

Tataki kann in Japan Tatar oder auch kurz gebratener Fisch/Fleisch, was dann fast roh gegessen wird, bezeichnen.

Falafel und Hummus

ZUTATEN FÜR 4 PERSONEN

reichlich Öl zum Frittieren

400 g Mini-Falafel-Bällchen (BF)

200 g Hummus Classic (BF)

4 EL The Miso Style Würzsauce (ST)

4 EL The Oriental Style Würzsauce (ST)

Wildkräutersalat für die Frische und fürs Auge

4 EL The House Dressing Ste. Maxime (ST)

1 TL Öncü Nar Eksisi (Granatapfelsirup)

1 Fladenbrot

ZUBEREITUNG

Reichlich Öl in einem Topf auf 160 °C erhitzen und die Falafel-Bällchen darin portionsweise frittieren, bis sie knusprig sind. Mit einem Schaumlöffel herausnehmen und auf einem Küchentuch abtropfen lassen.

Hummus in einen Teller geben, *The Miso Style Würzsauce* daneben platzieren und die *The Oriental Style Würzsauce* darum verteilen. Den Wildkräutersalat mit *The HouseDressing Ste. Maxime* anmachen. Die Mini-Falafel-Bällchen auf das Hummus setzen und mit dem Kräutersalat dekorieren. Den Granatapfelsirup darüber träufeln.

Das Fladenbrot aufknuspern, schneiden und dazu servieren.

Geflämmter Thunfisch

ZUTATEN FÜR 4 PERSONEN

1 Thunfisch, Saku-Block (BF)
1 Glas The HouseDressing Tokio (ST)

MYOGA

20 g Zucker
20 g Wasser
20 g Essig
20 g Myoga (frischer japanischer Ingwer)

FÜNF-KRÄUTER-MAYO

18 g Dijon-Senf
9 g Flor de Sal (ST)
12 g Reisessig
40 g Eigelb
210 g Fünf Kräuter-Öl by Sascha Stemberg (BF)

TEMPURA

100 g Stärke
100 g Weizenmehl, Type 405
8 g Flor de Sal (ST)
20 g Eigelb
200 g Sprudelwasser, kalt

DEKORATION

1 Handvoll Wildkräutersalat
3 Radieschen, in feinen Scheiben
20 g Schnittlauch, fein
1 Pck. Borage-Kresse
etwas Kräuteröl

Zubereitung auf der nächsten Seite

ZUBEREITUNG

THUNFISCH

Den Thunfisch von allen Seiten mit etwas Öl einpinseln und leicht salzen. Nun mit einem Bunsenbrenner oder auf dem heißen Grill von allen Seiten für wenige Sekunden anflämmen. Anschließend mit etwas *The HouseDressing Tokio* bepinseln.

MYOGA

Zucker, Wasser und Essig verrühren und mit dem geviertelten Myoga in einen Beutel geben oder bestenfalls vakuumieren. Über Nacht darin ziehen lassen.

FÜNF KRÄUTER-MAYONNAISE

Alle Zutaten, bis auf das Öl miteinander verrühren. Das Öl langsam zugeben und zu einer cremigen Mayonnaise schlagen.

TEMPURA

Alle Zutaten miteinander verrühren und in eine Spritzflasche geben. Tröpfchenweise in einen Topf mit 160 °C heißem Öl geben und für ca. 2 Minuten backen. Anschließend herausnehmen, auf Küchenpapier geben und leicht salzen.

ANRICHTEN

Drei EL vom *The HouseDressing Tokio* in die Tellermitte geben. Darauf jeweils drei Scheiben Thunfisch stellen und alle weiteren Zutaten darauf verteilen. Etwas Kräuteröl außen rumgeben.

Gefüllte Avocado & Kabeljau-Tatar

ZUTATEN FÜR 4 PERSONEN

2 Avocados, ready to eat
200 g frisches Kabeljaufilet ohne Haut und Gräten, in feinen Würfeln
60 g The Truffle Style Dip'n Spread (ST)
Flor de Sal (ST)
Pfeffer aus der Mühle
1 Salatgurke
1 Zitrone
15 g Agavendicksaft
ca. 2 g Xanthan zum Binden
schwarzer Sesam
1 Schale Koriander-Kresse
1 eingelegte ganze Zitrone, gesalzen (BF)

ZUBEREITUNG

Die reife Avocado entkernen, halbieren und jede Hälfte in hauchdünne Scheiben schneiden und auf eine Frischhaltefolie fächern (alles 4 x).

Die Kabeljaufiletwürfel mit *The Truffle Style Dip'n Spread*, etwas Flor de Sal und Pfeffer marinieren. Je 65 g Kabeljautatar auf die Avocadofächer setzen und mit der Folie zu einem kleinen Ball formen und kaltstellen.

Die Gurke entsaften, dabei den Saft auffangen und mit Zitronensaft, Agavendicksaft, Flor de Sal und Pfeffer abschmecken und mit Xanthan binden.

Den Gurkensaft in einen tiefen Teller geben. Die Folie aufschneiden und den in schwarzen Sesam gerollten Avocadoball vorsichtig in den Gurkensaft legen.

Mit Koriander-Kresse und Salzzitronenschale dekorieren.

Häppchen „deluxe“

ZUTATEN FÜR 4 PERSONEN

4 Scheiben Sylter Sauerteigbrot, Jochen Gauses (BF)

Olivenöl

125 g Buerre de Baratte Moule Main (BF)

500 g Sobrasada mit Pimenton dulce (BF)

1 Scheibe Wabenhonig, Imkerei Feldt (BF)

200 ml The Miso Style Dip’n Spread (ST)

1 Pck. Unagi Kabayaki (gegrillter Aal) (OG)

200 ml The Caesar Style Dip’n Spread (ST)

1 Dose 2021 Jahrgangs Sardinen, Los Peperetes (BF)

1 Schale Kresse-Mix

ZUBEREITUNG

Das Sauerteigbrot in gleichmäßig große Stücke schneiden, mit Olivenöl beträufeln und in der Pfanne von beiden Seiten rösten.

Dann werden die Brote in drei Varianten geschmiert:
1. Mit Salzbutter bestreichen, die zimmerwarme Sobrasada draufgeben und mit Honig toppen.
2. Mit *The Miso Style Dip’n Spread* bestreichen, den Aal von der Haut trennen und auflegen.
3. Mit *The Caesar Style Dip’n Spread* bestreichen, die Sardinen vorsichtig aus der Dose auf’s Brot legen.

Mit Kresse ausgarnieren. Köstlich!

PRUNIER
PRUNIER
PRUNIER

Kaviar-Tasting

ZUTATEN FÜR 4 PERSONEN

800 g Drillinge
1 EL Flor de Sal (ST)
16 Mini-Blinis (CHP)
200 g Crème fraîche
4 x Prunier Tasting Set (CHP)
8 Schalotten, in feinen Würfeln

ZUBEREITUNG

Die Kartoffeln gründlich waschen und mit Schale in einen Topf geben, zur Hälfte mit Wasser füllen und Flor de Sal zugeben. Den Topf auf mittlerer Hitze erwärmen und den Deckel dabei einen Spalt weit geöffnet lassen, damit der Dampf entweichen kann. Ist kein Wasser mehr im Topf, werden die Drillinge bei niedriger Hitze 5–10 Minuten getrocknet.

Vorsicht! Damit nichts anbrennt, den Topf stets im Blick halten.

Währenddessen die Blinis auspacken und auf Zimmertemperatur bringen. Die Crème fraîche kurz cremig rühren, in einen Spritzbeutel füllen und auf die vorbereiteten Teller dressieren.

Die Kaviardosen und Löffel akkurat neben den Schalottenwürfeln, den Blinis und der Crème fraîche anrichten. Die warmen Kartoffeln in einer separaten Schüssel dazu servieren.

Oktopus-Carpaccio & Gillardeau-Austern

ZUTATEN FÜR 4 PERSONEN

400 ml Rapsöl

200 ml The HouseDressing Ste. Maxime (ST)

Flor de Sal (ST)

Pfeffer aus der Mühle

2 Pck. Oktopus-Carpaccio (OG)

Alternativ empfehlen wir: Carpaccio Bayrische Garnele (HC)

1 Pck. Gillardeau-Austern, paniert, roh (BF)

1 Frisée-Salat, Blätter fein gezupft

1 Schale Senf-Kresse, geschnitten

1 Granatapfel, Kerne ausgelöst

1 Sardisches Brot (BF)

ZUBEREITUNG

Einen mittelgroßen Topf mit dem Rapsöl füllen und diesen bei mittlerer Hitze auf den Herd stellen. Anschließend vier Teller ausbreiten und diese im Zentrum mit etwas *The House Dressing Ste. Maxime* bestreichen. Dort, wo das Dressing aufgetragen wurde, den Teller salzen und pfeffern. Das gefrorene Carpaccio auf die Stellen legen, die mit Dressing und Gewürzen vorbereitet wurden. Nun kann das Carpaccio bei Zimmertemperatur ca. 20 Minuten auftauen.

Das Rapsöl im Topf nun auf 160 °C erhitzen und die noch tiefgefrorenen Austern nach und nach goldbraun backen und auf Küchenkrepp abtropfen lassen.

Die Oberseite vom Carpaccio kann nun ganzflächig mit *The HouseDressing Ste. Maxime* mariniert werden. Den Tellerrand mit Salat, Kresse und Granatapfelkernen garnieren und noch etwas vom gebrochenen Sardischen Brot anlegen, bevor das Gericht, mit den frisch gebackenen Austern serviert wird.

Rindercarpaccio & Spargel

ZUTATEN FÜR 4 PERSONEN

600 g frischer weißer Spargel
400 g frischer grüner Spargel
Olivenöl

4 x 80 g Angus Carpaccio (ML)
200 ml The Truffle Style Dip'n Spread

200 ml The House Dressing Ste. Maxime (ST)
15 g Flor de Sal (ST)
5 g Pfeffer aus der Mühle

ZUBEREITUNG

Weißen und grünen Spargel gründlich waschen, schälen und die holzigen Enden entfernen. Den Spargel mit Olivenöl bestreichen, leicht salzen und für ca. 10 Minuten (je nach Dicke) auf dem Grill bei indirekter Hitze hellbraun braten. Dabei den Spargel von Zeit zu Zeit wenden.

Vier Teller mit Olivenöl beträufeln und das Öl mit einem Pinsel verteilen. Das fertige Carpaccio auf die vorgeölten Teller geben. Danach mit Flor de Sal und Pfeffer würzen und anschließend mit *The House Dressing Ste. Maxime* marinieren.

Dann darf der frisch gegrillte Spargel auf dem Carpaccio angerichtet werden.

Mit *The Truffle Style Dip'n Spread* ausgarnieren und sofort servieren.

Wagyu Cubes

ZUTATEN FÜR 4 PERSONEN

1 Stange Petersilienwurzel, geschält, geviertelt

natives Olivenöl

2 Bund Wilder Brokkoli, von Stielenden befreit

24 Deutsche Wagyu Cube's (OG)

Flor de Sal (ST)

The scRUB steak delight

200 ml The Asia Style Würzsauce (ST)

200 ml The Altbier Style BBQ-Sauce (ST)

200 ml The Aioli Black Style Dip'n Spread (ST)

200 ml The Hemp Style Würzsauce (ST)

200 ml The Truffle Style Dip'n Spread (ST)

200 ml The Oriental Style Würzsauce (ST)

2 Tüten Trüffelchips (CHP)

ZUBEREITUNG

Petersilienwurzel in Olivenöl langsam auf kleiner Hitze braten.

Den wilden Brokkoli ebenfalls auf kleiner Hitze anbraten.

Die Würfel vom Deutschen Wagyu mit Küchenkrepp abtupfen, mit Flor de Sal und *The scRub steak delight* würzen und in einer heißen Pfanne scharf von allen Seiten anbraten. Insgesamt sollten die Cube's nicht länger als 1,5 Minuten in der Pfanne sein.

Die Saucen auf den Tellern in der gewünschten Reihenfolge anordnen, jeweils ein Cube pro Sauce anrichten und mit dem Gemüse dekorieren.

Die Trüffelchips sind ein schmackhafter Begleiter für diesen sommerlichen Snack.

Frisch von der Weide

Beef Ribs Naan

ZUTATEN FÜR 4 PERSONEN

1 Pck. Beef Ribs „Big Beef Rib“ (AU)

The scRUB special pepper (ST) zum Bestreuen

1 Pck. Naan-Brot (BF)

HOKKAIDO-KÜRBIS

50 g Zucker

50 g Reisessig

50 g Wasser

5 g Flor de Sal (ST)

150 g Hokkaido-Kürbis, in feinen Streifen

KÜRBISKERNE

60 g Kürbiskerne

15 g Butter

Flor de Sal (ST)

GURKEN

120 g Gurkenstreifen

15 g Sojasauce

10 g Mirin

Flor de sal (ST)

Pfeffer aus der Mühle

ZUBEREITUNG

Beef Ribs entsprechend der Anleitung vorbereiten. Anschließend rundum mit *The scRUB special pepper* bestreuen und im Ofen bei 150 °C Umluft garen, bis eine Kerntemperatur von 56 °C erreicht ist. Anschließend leicht abkühlen lassen.

Zucker, Reisessig, Wasser und Flor de Sal so lange erhitzen, bis Zucker und Flor de Sal aufgelöst sind. In den lauwarmen Sud den Kürbis einlegen und für mindestens 3 Stunden ziehen lassen. Die Kürbiskerne in einer Pfanne unter ständigem Schwenken knusprig rösten. Butter zugeben, leicht salzen und für eine weitere Minute schwenken. Auf Küchenpapier abtropfen lassen.

Alle Zutaten rund um die Gurke vermischen und abschmecken.

Das Naan-Brot mit etwas Butter rundum bepinseln und salzen, anschließend im Backofen oder in der Pfanne erwärmen. Das Brot aufschneiden und mit dünn aufgeschnittenem Beef Ribs belegen. Alle anderen Zutaten großzügig verteilen und wieder zuklappen.

Bison-Burger

ZUTATEN FÜR 4 PERSONEN

4 Brioche-Burger-Buns (BF)

4 Stck. Bison Steakhouse Burger Patties (OG)

The scRUB arabica coffee (ST)

8 Scheiben Cranberry-Cheddar

2 Schalotten, in feinen Streifen

4 EL The Barrique Style BBQ-Sauce (ST)

4 EL The Teriyaki Style-Sauce (ST)

4 EL The Mustard Style Dip'n Spread (ST)

Baby-Leaf-Salat fürs Auge (muss aber nicht sein)

2 grüne Strauchtomaten (jede andere Farbe passt auch), in Scheiben

4 EL Tomaten-Orangen-Chutney (BF)

ZUBEREITUNG

Burger-Buns halbieren, aufschneiden und mit etwas Öl in der Pfanne oder auf dem Grill aufknuspern.

Die Patties in einer heißen Pfanne oder auf der Grillplatte anbraten, mit *The scRub arabica coffee* würzen und langsam gar ziehen lassen. Die Patties mit dem Cheddar überbacken.

Die Schalotten in einer heißen Pfanne anbraten, mit der *The Barrique Style BBQ-Sauce* ablöschen und alles sirupartig einkochen.

Die *The Teriyaki Style-Sauce* mit *The Mustard Style Dip'n Spread* vermischen, auf den Böden und Deckeln der Buns verteilen. Baby Leaf auf den Boden geben, die Tomatenscheiben darauf verteilen, Patties darauf geben. Die Schalottensauce aufs Fleisch geben. Zum Schluss das Tomaten-Orangen-Chutney auf die Patties geben, Deckel drauf, aus die Maus.

Bison-Hotdog

ZUTATEN FÜR 6 PERSONEN

560 g Spitzpaprika
50 ml Öl
10 g Cajun-Gewürz
Flor de Sal (ST)
4 Radieschen
½ schwarzer Winter-Rettich

6 Brioche-Rolls
Butter zum Anbraten
6 Bison-Bratwürste (OG)
1 Glas The Truffle Style Dip'n Spread (ST)
The scRUB special pepper (ST)

1 Kopfsalat, gewaschen, geschleudert, getrocknet
200 g The Barrique Style BBQ-Sauce (ST)
Rettichsprossen

ZUBEREITUNG

Spitzpaprika mit Öl, Cajun und Flor de Sal mischen und im vorgeheizten Ofen bei 260 °C Umluft ca. 6 Minuten garen.

Radieschen und Winter-Rettich in feine Scheiben hobeln und in kaltem Wasser bis zur weiteren Verwendung lagern.

Hotdog-Rolls halbieren, auf der Schnittstelle kurz in Butter rösten. Bratwürste kurz vor dem Anrichten braten.

Beide Hotdog-Roll-Hälften mit *The Truffle Style Dip'n Spread* bestreichen und mit etwas *The scRub special pepper* bestreuen. Kopfsalatblätter, Radieschen und Winter-Rettich auf einer Hotdog-Roll-Hälfte anrichten, Bison-Bratwurst und Paprikaschote darauf platzieren, *The Barrique Style BBQ-Sauce* darüber verteilen. Die zweite Hotdog-Roll-Hälfte oben drauf setzen, mit einem Holzspieß fixieren und den Rettichsprossen ausgarnieren.

Etwas *The Truffle Style Dip'n Spread* auf einen Teller streichen und den Hotdog darauf platzieren.

Currywurst „Mats Style“

ZUTATEN FÜR 4 PERSONEN

8 Thailändische Bratwürste (Metzgerei Schlösser Düsseldorf) oder Kalbscurrywurst (OG)

Mehl zum Wälzen

300 ml The Curry Mats Style Würzsauce (ST)

1 frische Mango, in gleichmäßigen Würfeln

1 Dose Kirschäpfel, leicht gezuckert (BF)

1 Dose The scRUB sticky mango curry (ST)

1 Schale Microgreens-Kresse für die Deko (BF)

ZUBEREITUNG

Die Außenhaut der Thaibratwürste mit einem scharfen Messer rautenmäßig von beiden Seiten vorsichtig einschneiden. Die Bratwürste in Mehl wälzen, abklopfen und in einer Pfanne auf mittlerer Hitze 6–8 Minuten anbraten.

The Curry Mats Style Würzsauce im Topf erwärmen. Die Dose mit den Kirschäpfeln öffnen und 8 Babyäpfel auf Küchenpapier abtropfen lassen. Die Sauce auf den Teller geben, darauf die Bratwurst setzen und die Mangowürfel und Kirschäpfel drumherum verteilen.

Mit Kresse und z. B. einem Apfelchip dekorieren.

Deutsches Wagyu Flank Steak

ZUTATEN FÜR 4 PERSONEN

800 g Deutsches Wagyu Flank Steak (OG)

2 EL The scRUB yuzu cashew (ST)

1 Tapiokawurzel (ein großes Stück sollte es sein), geschält, in groben Stücken

reichlich Öl zum Frittieren

120 ml The Gin Style BBQ-Sauce (ST)

100 g The Truffle Style Dip'n Spread (ST)

etwas Kresse für die Deko

ZUBEREITUNG

Das Flank Steak putzen, entsehnen und auf 200 g portionieren. Das Steak mit *The scRUB yuzu cashew* leicht einreiben, scharf anbraten und ca. 6 Minuten im Ofen bei 200 °C Umluft garen, dann ruhen lassen.

Die Tapiokawurzelstücke blanchieren, dafür in einem Topf reichlich Wasser zum Sieden bringen und die Wurzelstücke darin kurz garen. Anschließend die Wurzelstücke in einer Schüssel mit Eiswürfeln abschrecken. Reichlich Öl in einem Topf auf 160 °C erhitzen und die Tapiokawurzelstücke darin portionsweise frittieren, bis sie knusprig sind. Mit einem Schaumlöffel herausnehmen, auf einem Küchentuch abtropfen lassen und auf dem Teller anrichten.

Das Fleisch aufschneiden und noch etwas *The scRUB yuzu cashew* darüber geben und auf die Wurzel legen. Mit warmer *The Gin Style BBQ-Sauce* angießen und *The Truffle Style Dip'n Spread* auf dem Teller verteilen. Zum Abschluss mit etwas Kresse dekorieren.

Der beste Schweinebauch

ZUTATEN FÜR 6 PERSONEN

KAROTTEN-INGWER-PÜREE

700 g Karotten, geschält, grob gewürfelt

200 g Schalotten, grob gewürfelt

20 g Knoblauch

100 g Ingwer, in Scheiben

10 g Peperoni, gesechstelt

10 g The scRUB sticky mango curry (ST)

70 g Honig

30 g Rapsöl

Flor de Sal (ST)

Ahornsirup

GURKEN

500 g Gurken, in Scheiben gehobelt

Flor de Sal (ST)

50 g The HouseDressing Sesam Miso (ST)

15 g Schnittlauch

90 g Frischkäse

10 g scharzer Sesam, geröstet

SCHWEINEBAUCH

1 kg Schweinebauch (BF)

250 g The Oriental Style Würzsauce (ST)

ZWIEBELN TOKIO STYLE

100 g rote Zwiebeln, in feinen Streifen

50 g The HouseDressing ponzu mirin (ST)

10 g Limettensaft

Flor de Sal (ST)

DEKORATION

30 g Peperoni, in feinen Scheiben

75 g Granatapfelkerne

Kräutersalat

ZUBEREITUNG

KAROTTEN-INGWER-PÜREE

Alle Zutaten für das Karotten-Ingwer-Püree in eine ofenfeste Form geben und gründlich vermengen. Die Form abdecken, im Ofen bei 160 °C Umluft ca. 60 Minuten garen. Die Karotten sollen sehr weich sein. Anschließend alles zusammen gründlich mixen, bis ein sehr glattes Püree entstanden ist. Mit Flor de Sal und etwas Ahornsirup abschmecken. Vor dem Anrichten wieder erwärmen.

Auf der nächsten Seite geht's weiter

GURKEN

Die Gurkenscheiben mit Flor de Sal mischen und auf ein Sieb geben. Mindestens eine Stunde stehen lassen. Anschließend gut ausdrücken und mit allen anderen Zutaten vermischen und abschmecken.

SCHWEINEBAUCH

Den Schweinebauch in ca. 1 cm dicke Scheiben schneiden, diese dritteln. Die Scheiben bei mittlerer Hitze krossbraten, zum Schluss mit etwas *The Oriental Style Würzsauce* glasieren.

ZWIEBELN *TOKIO STYLE*

Die Zwiebelstreifen mit den restlichen Zutaten mischen und mindestens 30 Minuten ziehen lassen.

ANRICHTEN

Zwei Nocken des Pürees auf einen Teller setzen, Gurkensalat dazwischen anrichten, den Schweinebauch daraufsetzen. *The Oriental Style Würzsauce* außen rum und über dem Schweinebauch verteilen. Mit Peperoni, Granatapfelkernen, Zwiebeln und Kräutersalat dekorieren.

Gegrillte Iberico-Spieße

ZUTATEN FÜR 4 PERSONEN

12 Ibérico-Spieße (BF)
Rapsöl zum Anbraten
2 fermentierte Knoblauchzehen (BF)

1 EL Tahini (BF)
50 ml Gemüsebrühe
1 EL The scRUB arabica coffee (ST)

120 ml The Altbier Style BBQ-Sauce (ST)
Flor de Sal (ST)
gemahlener Pfeffer

ZUBEREITUNG

Die Spieße von allen Seiten kurz scharf anbraten und für 4 Minuten in den 200 °C Umluft vorgeheizten Ofen geben.

Den fermentierten Knoblauch mit Tahini und etwas warmer Brühe mit dem Stabmixer pürieren und abschmecken.

Spieße mit *The scRUB arabica coffee* würzen und anrichten.

Die Teller mit *The Altbier Style BBQ-Sauce* und Knoblauchpaste ausgarnieren.

Hiyashi Chûka „Tokyo Style“

ZUTATEN FÜR 4 PERSONEN

400 g Kalbstafelspitz (AU)
275 g Ramen-Nudeln, dick, wavy (BF)
4 Eier, Größe M
2 TL Zucker
Salz, nach Belieben

Öl zum Braten
200 g Gurkenstreifen
200 g rote Paprika, in Streifen
300 g The HouseDressing Tokyo (ST)

60 g eingelegter rosa und roter Ingwer (BF)
etwas Wasabi-Paste (BF)
eine Handvoll Frühlingszwiebelringe

ZUBEREITUNG

Das Fleisch auspacken, trockentupfen und, wie in der Packungsanweisung beschrieben, zubereiten und in feine Streifen schneiden.

Die Ramen-Nudeln nach Packungsanweisung kochen, sieben und abschrecken.

Die Eier verquirlen, mit Zucker und etwas Salz würzen und in der Pfanne mit etwas Öl dünn und farblos ausbacken, in feine Streifen schneiden.

Nudeln auf einen Teller geben und mit Ei, Gurke, Paprika und Kalbstafelspitz ausdekorieren, etwas *The HouseDressing Tokyo* darüber geben, Ingwer und Wasabi obenauf legen.

Restliches Dressing und Frühlingszwiebelringe dazu reichen.

Iberico Secreto & Linsen

ZUTATEN FÜR 4 PERSONEN

600 g Iberico Secreto, Sous-vide (BF)
6 EL Olivenöl extra vergine
100 g rote Linsen
50 g Kichererbsen-Keimlinge
50 g getrocknete Aprikosen, in Streifen
50 g getrocknete Cranberrys, in Streifen
4 Spitzen Thymian
1 TL Garam Masala
100 ml The HouseDressing Ste. Maxime (ST)
2 große Annabelle-Kartoffeln
1 Sommertrüffel, in feine Scheiben gehobelt
250 ml Rapsöl
200 ml The Oriental Style Würzsauce (ST)
20 g Flor de Sal (ST)
Wildkräuter zum Garnieren

ZUBEREITUNG

Das Secreto auftauen lassen und einen Topf mit Wasser auf 75 °C erwärmen. Das noch verpackte Fleisch ins Wasser legen und dort für 45 Minuten temperieren. Das Fleisch auspacken, auf Küchenpapier trocknen und in einer Pfanne mit Olivenöl oder auf dem Grill kurz scharf anbraten. Das Fleisch in Würfel schneiden und leicht salzen.

Die roten Linsen bis zur gewünschten Festigkeit kochen und auskühlen lassen. Keimlinge, Aprikosen, Cranberrys, Thymian und Garam Masala zugeben und mit *The HouseDressing Ste. Maxime* abschmecken.

Die Kartoffeln gut waschen, in sehr feine Scheiben schneiden und die Trüffelscheiben jeweils zwischen 2 Kartoffelscheiben legen. In einem Topf das Rapsöl auf 140 °C erhitzen und die Kartoffelscheiben darin knusprig ausbacken und leicht salzen

Den Linsensalat auf einem tiefen Teller als Bett anrichten. Die Fleischwürfel auf den Linsensalat geben. *The Oriental Style Würzsauce* erwärmen und über das warme Secreto geben. Das Ganze noch mit Wildkräutern und dem Kartoffel-Trüffel-Chip ausgarnieren.

Iberico Yakisoba

ZUTATEN FÜR 4 PERSONEN

200 g Ramen-Nudeln, dünn, wavy (BF)

12 Iberico-Grillspieße Abanico Rippenfleisch (BF)

Flor de Sal (ST)

200 ml The Asia Style Würzsauce (ST)

200 g grüne Bohnen, in 3 cm Stücken, blanchiert

400 g Spitzkohl, in 3 x 3 cm Würfeln

200 g Möhren, in 3 cm dünnen Streifen

100 g Zwiebeln, in Streifen

200 g grüne Bohnen, in 3 cm Stücken

50 g Frühlingszwiebeln, in 3 cm feinen Streifen

200 g The Altbier Style Würzsauce (ST)

10 g The scRUB special pepper (ST)

60 g eingelegter Ingwer, in Streifen

ZUBEREITUNG

Die Nudeln nach Packungsanweisung kochen, sieben und abschrecken.

Die Iberico-Spieße salzen und mehlieren und in der Pfanne von allen Seiten scharf anbraten. Mit *The Asia Style Würzsauce* bestreichen und in der heißen Pfanne ziehen lassen.

Die Bohnen in einem Topf mit reichlich siedendem Wasser kurz garen und anschließend in einer Schüssel mit Eiswürfeln abschrecken.

Kohl, Möhren und Zwiebeln mit etwas Öl anbraten, etwas salzen und Nudeln und Bohnen dazugeben, kurz weiterbraten, mit *The Altbier Style Würzsauce* ablöschen, reduzieren lassen und mit *The scRUB special pepper* würzen.

Nudeln mit den Spießen und dem Ingwer servieren.

Great Peak & Artischocke

ZUTATEN FÜR 4 PERSONEN

1 Kalbstafelspitz „Great Peak“, Sous vide (AU)

The scRUB wild juniper (ST)

etwas flüssige Butter

200 g Mini-Artischockenherzen, Sous vide (BF)

160 g Artischockencreme (BF)

bunte Kresse

Schinken-Chips (BF)

Flor de Sal (ST)

4 EL The Gin Style BBQ-Sauce (ST)

ZUBEREITUNG

Einen Topf mit reichlich Wasser auf ca. 58 °C erhitzen und den Tafelspitz im Beutel für bis zu 60 Minuten darin ziehen lassen. Temperatur dabei konstant halten. Das Fleisch aus dem Beutel nehmen und noch für 5–6 Minuten in der Pfanne mit Butter fertig braten. Den Tafelspitz mit *The scRUB wild juniper* bestreuen und mit Butter begießen. Danach ruhen lassen.

Die Mini-Artischockenherzen im Wasserbad bei 58 °C für 20 Minuten erwärmen, abtropfen und anschließend in einer Pfanne scharf anbraten.

Die Artischockencreme im Topf leicht temperieren, auf die Teller verteilen und mit dem Löffel verstreichen. Die Mini-Artischocken daraufsetzen und mit Kresse und Schinken-Chips dekorieren. Das Fleisch aufschneiden mit Flor de Sal bestreuen und auf der Creme anrichten. *The Gin Style BBQ-Sauce* angießen und Abfahrt.

Kalbstafelspitz Sous-vide

ZUTATEN FÜR 4 PERSONEN

650 g Kalbstafelspitz, Sous-vide vorgegart (BF)

3 EL The scRUB wild juniper (ST)

40 ml Rapsöl zum Anbraten

800 g grüner Spargel, geputzt, in gleichmäßig großen Stücken

Flor de Sal (ST)

Pfeffer aus der Mühle

etwas Zucker

100 g japanische Mayonnaise (BF)

4 EL The Hemp Style Würzsauce (ST)

ZUBEREITUNG

Den Tafelspitz in 4 Stücke à 150 g schneiden und mit *The scRUB wild juniper* würzen. Das Fleisch danach in einer Pfanne mit dem Rapsöl anbraten und anschließend ca. 5 Minuten bei 180 °C Umluft in den Ofen schieben.

Die Spargelstücke in der Pfanne mit wenig Öl angrillen und mit Flor de Sal, Pfeffer und etwas Zucker würzen.

Den Spargel auf Teller verteilen und die japanische Mayonnaise darüber geben. Den Kalbstafelspitz daneben platzieren und *The Hemp Style Würzsauce* angießen.

Knuspriges Huhn

ZUTATEN FÜR 4 PERSONEN

8 Stck. panierte Hähnchenstücke, TK (BF)
400 ml Rapsöl
150 ml The Oriental Style Würzsauce (ST)
100 ml Sake
400 g Brokkoli, in Röschen zerteilt, halbiert
100 g The Truffle Style Dip'n Spread (ST)
1 EL Sojasauce
etwas The scRUB yuzu cashew (ST)
Frühlingszwiebelstreifen

ZUBEREITUNG

Das Hähnchen nach Packungsanweisung ca. 6–7 Minuten bei 160 °C in Rapsöl nach und nach frittieren. Die frittierten Hähnchenstücke anschließend in eine Pfanne geben.

The Oriental Style Würzsauce mit Sake verdünnen, zu den frittierten Hähnchenstücken in die Pfanne geben, erhitzen und einkochen lassen. Nach Geschmack mit *The scRUB yuzu cashew* bestreuen.

Die Brokkoliröschen in ausreichend gesalzenem Wasser al dente kochen (ca. 5 Minuten), absieben und noch warm mit *The Truffle Style Dip'n Spread* und Sojasauce mischen.

Das Hähnchen nach Belieben in Scheiben schneiden oder teilweise ganz lassen. Die Brokkoliröschen mit dem Hähnchen auf einem Teller verteilen und mit *The Oriental Style Würzsauce* und *The Truffle Style Dip'n Spread* ausgarnieren.

Tipp: Für eine besonders ansprechende Dekoration ein Bananenblatt auf den Teller legen und darauf Hähnchen und Brokkoli verteilen.

Ochsenschwanz & Altbier

ZUTATEN FÜR 4 PERSONEN

4 x 150 g Ochsenschwanz, Sous-vide (BF)
150 ml The Altbier Style-Sauce (ST)
1 EL Butterschmalz
15 g Flor de Sal (ST)
5 g The scRUB steak delight (ST)
1 Butter-Brioche, vom ausgesuchten Bäcker
8 Shiitake-Pilze, in Scheiben
8 Baby-Maiskolben, gedrittelt
1 Spitzkohl, in groben Scheiben

ZUBEREITUNG

Den Ochsenschwanz auftauen lassen, verpackt in einem 70 °C warmen Wasserbad für 30 Minuten temperieren, auspacken und abtupfen.

The Altbier Style-Sauce in einem Topf erwärmen.

Den Ochsenschwanz in einer beschichteten Pfanne in Butterschmalz 2–3 Minuten von jeder Seite knusprig anbraten, mit Flor de Sal und *The scRUB steak delight* würzen.

Das Butter-Brioche in akkurate Ecken schneiden und rösten. Die Shiitake-Pilze, den Baby-Mais und den Spitzkohl in Butterschmalz nach und nach anbraten.

Zum Anrichten den saftigen Ochsenschwanz auf dem Brioche drapieren, mit den Pilzen bedecken und mit Spitzkohl und Baby-Mais garnieren.

Strohschwein & Erdnuss

UTENSILIEN

4 Holzspieße

ZUTATEN FÜR 4 PERSONEN

4 Koteletts vom Strohschwein (BF)

4 EL The scRUB yuzu cashew (ST)

200 ml Erdnusssauce – Gado Gado Satey, Saucenpulver (BF)

200 ml The Asia Style-Würzsauce (ST)

4 Portionen Wildkräutersalat

2 EL The HouseDressing Tokio (ST)

bunte Kresse

Friséesalat

ZUBEREITUNG

Das Fleisch vom Knochen lösen, in vier gleich große Scheiben schneiden und leicht plattieren. Mit *The scRUB yuzu cashew* einreiben und auf Holzspieße stecken. Die Satéspieße von allen Seiten in einer Pfanne schnell knusprig anbraten und ruhen lassen.

Das Gado Gado-Saucenpulver einfach nur in kaltes Wasser einrühren, bis die gewünschte Konsistenz erreicht ist; in einem Topf aufkochen lassen – Fertig!!! *The Asia Style-Würzsauce* erhitzen und den Salat mit *The HouseDressing Tokio* anmachen. Die Saucen mit jeweils einem Spieß auf Tellern anrichten und mit bunter Kresse und Friséesalat garnieren.

Teres Mayor & Gochuyang

ZUTATEN FÜR 4 PERSONEN

1 Stck. Deutsches Wagyu „Teres Mayor" (OG)

SCHMORZWIEBELN

Butter zum Braten

1 Zwiebel, in feinen Streifen

1 EL Zucker

Flor de Sal (ST)

Pfeffer aus der Mühle

GOCHUYANG-GRATIN

1 Knoblauchzehe, gehackt

etwas Butter

200 ml Sahne

20 g Gochuyang-Paste

400 g Kartoffeln, festkochend

Flor de Sal (ST)

60 g Parmesan, gerieben

ALTBIER-SAUCE

250 g Kalbsfond, dunkel

60 g The Altbier Style BBQ-Sauce (ST)

15 g Sojasauce

Flor de Sal ((ST)

Stärke zum Binden

1 Schale Shiso-Kresse für die Deko

ZUBEREITUNG

„TERES MAYOR"

Das Fleisch von Sehnen und Fett befreien, abtupfen, salzen und auf einem heißen Grill oder in einer Pfanne rundum scharf anbraten. Im Ofen bei 110 °C Umluft bis zu einer Kerntemperatur von 54 °C garen.

SCHMORZWIEBELN

Die Butter zerlassen und die Zwiebeln darin bei mittlerer Hitze mit dem Zucker zu goldgelben Schmorzwiebeln braten. Mit Flor de Sal und Pfeffer abschmecken.

Auf der nächsten Seite geht's weiter

GOCHUYANG-GRATIN

Gehackten Knoblauch in einem Topf mit etwas Butter farblos anschwitzen und anschließend mit Sahne auffüllen. Mit einem Schneebesen die Gochuyang-Paste einrühren.

Die Kartoffeln schälen und mit der Reibe in ca. 2 mm dicke Scheiben hobeln. Die Kartoffelscheiben nun in die kochende Gochuyang-Sahne geben und unter ständigem Rühren solange erhitzen, bis die Sahne durch die Kartoffelstärke sämig gebunden ist. Eine entsprechend große Auflaufform ausbuttern und die Kartoffeln reingeben.

Das Gratin mit Parmesan bestreuen und bei 170 °C Umluft im Ofen ca. 40 Minuten backen, bis das Gratin goldgelb ist. Anschließend auskühlen lassen.

Wenn das Gratin erkaltet ist, mit einem runden Ausstecher Portionen ausstechen und im Backofen vorsichtig bei 110 °C erhitzen.

ALTBIER-SAUCE

Den Kalbsfond in einem Topf um die Hälfte reduzieren lassen und alle weiteren Zutaten zugeben. Die Sauce mit Stärke sämig binden.

ANRICHTEN

Einen Esslöffel der Altbier-Sauce in die Tellermitte geben. Ausgestochener erwärmter Gochuyang-Kuchen dazu und mit Schmorzwiebeln toppen. Fleisch aufschneiden und drapieren. Mit Shiso-Kresse ausgarnieren.

The Duke Filet

ZUTATEN FÜR 4 PERSONEN

2 Pck. Entenbrust (AU)
2 Mini Pak-Choi, halbiert
Öl zum Braten
2 TL Butter
2 EL Sojasauce
etwas Stärke zum Binden
1 Pck. Wan Tan – Gyoza Rind & Gemüse (BF)
7 Shiitakepilze, ohne Stiel
Flor de Sal (ST)
1 Glas The scRUB wild juniper (ST)

ZUBEREITUNG

Die Entenbrust mit *The scRUB wild juniper* würzen und entsprechend der beigefügten Anleitung zubereiten.

Den Pak-Choi mit der Schnittstelle in eine heiße und geölte Pfanne geben und leicht anbräunen. Butter und Sojasauce zugeben und durchschwenken, den restlichen Sud mit etwas Stärke sämig binden. Anschließend auf Küchenpapier abtropfen lassen.

Etwas Öl in einer Pfanne bei mittlerer Stufe erhitzen, die Wan Tan hineinsetzen und anbraten, bis die Unterseite goldbraun ist. Nun einen Schuss Wasser zugeben und mit einem Deckel abdecken. Für ca. 3–4 Minuten abgedeckt dämpfen lassen.

Die Shiitakepilze in etwas Öl von beiden Seiten anbraten und leicht salzen.

Zum Anrichten die Entenbrust längs halbieren und auf Küchenpapier abtropfen. Pak Choi, Wan Tan und Sauce auf den Teller geben und alle weiteren Komponenten drumherum verteilen.

Wagyu-Bratwurst & Pulpo

ZUTATEN FÜR 4 PERSONEN

4 Wagyu-Bratwürste (OG)
4 Pulpoarme (OG)
Flor de Sal (ST)
Piment d'Espelette (BF)
4 Salatherzen, halbiert
Rapsöl zum Anbraten
1 eingelegte, gesalzene, ganze Zitrone (BF)
120 g The Smoky Style BBQ-Sauce (ST)
1 Schale Erbsen-Kresse (BF)

ZUBEREITUNG

Die Wagyu-Bratwürste von allen Seiten in einer Pfanne anbraten und im 170 °C Umluft heißen Ofen für ca. 7 Minuten zu Ende garen.

Die Pulpoarme mit etwas Flor de Sal würzen und von beiden Seiten in der Pfanne scharf anbraten und nach dem Anrichten mit einer Prise Piment d'Espelette würzen.

Die halbierten Salatherzen auf der Schnittfläche in wenig Öl in der Pfanne anbraten.

Die äußere Haut (Zeste) der Salzzitrone mit einem scharfen Messer vorsichtig abschneiden und in feine Streifen schneiden.

Wagyu-Bratwurst, Pulpoarm und Salatherz mit *The Smoky Style BBQ-Sauce* auf dem Teller anrichten und mit der Erbsen-Kresse und den Zitronenzesten ausgarnieren.

Wagyu Pulled Beef

ZUTATEN FÜR 6 PERSONEN

600 g Wagyu Pulled Beef, smoked (OG)

180 g The Barrique Style BBQ-Sauce (ST)

Öl zum Frittieren

1,2 kg vorgegarter Mais, vakuumiert, längs geviertelt

Flor de Sal (ST)

The scRUB special pepper (ST)

150 g The Truffle Style Dip'n Spread (ST)

2 Römersalatherzen, gewaschen, geschleudert, getrocknet

30 g Schnittlauch, in Ringen

2 Frühlingszwiebeln, fein geschnitten

2 Peperoni, fein geschnitten

ZUBEREITUNG

Wagyu Pulled Beef mit 100 ml *The Barrique Style BBQ-Sauce* mischen und für 15 Minuten im Topf bei kleiner Hitze erwärmen.

In einem Topf reichlich Öl auf 170 °C erhitzen und die geviertelten Maiskolben ca. 2 Minuten frittieren. Anschließend in eine Schüssel geben und mit Flor de Sal und *The scRUB special pepper* würzen.

The Truffle Style Dip'n Spread rechts auf den Teller streichen, die inneren Blätter der Römersalatherzen links auf dem Teller platzieren, das Wagyu Pulled Beef mittig darauf anrichten, restliche *The Barrique Style BBQ-Sauce* darüber und außen herum verteilen. Die frittierten Maiskolben oben auflegen. Mit Schnittlauch, Frühlingszwiebeln und Peperoni garnieren.

Lust auf Meehr

PRUNIER

Balik Lachs & Prunier St. James

ZUTATEN FÜR 4 PERSONEN

320 g Balik-Lachs (CHP)
1 Glas The HouseDressing Singapore (ST)
1 Dose Prunier St. James Kaviar (CHP)

SPINAT

1 Knoblauchzehe, feine Würfel
½ Schalotte, feine Würfel
250 g Spinatsalat
Flor de Sal (ST)
Pfeffer aus der Mühle

FÜNF-KRÄUTER-MAYONNAISE

18 g Dijonsenf
9 g Flor de Sal (ST)
12 g Reisessig
40 g Eigelb
210 g Fünf-Kräuter-Öl by Sascha Stemberg (BF)

SESAM-HIPPE

43 g Eiweiß
7 g Puderzucker
18 g Mehl
4 g Weizenstärke
19 g flüssige Butter
25 g Sesampaste
183 g Wasser
30 g Sesamkörner

SAKE-VELOUTÉ

1 EL Öl
10 g Butter
1 Knoblauchzehe, feine Würfel
1 Schalotte, feine Würfel
1 TL Senfkörner, gold
1 TL Pfefferkörner, weiß
1 Lorbeerblatt
120 g Sake
200 g Brühe
200 g Sahne
Abrieb von 1 Bio-Zitrone
etwas Stärke
Flor de Sal (ST)

Zubereitung auf der nächsten Seite

ZUBEREITUNG

BALIK-LACHS

Lachs auf ein mit Backpapier belegtes Backblech legen und im 50 °C heißen Backofen für 3 Minuten temperieren.

SPINAT

Knoblauch und Schalottenwürfel in etwas Butter glasig anschwitzen. Spinat zugeben und schwenken, bis die Blätter zusammengefallen sind. Anschließend mit Flor de Sal und Pfeffer abschmecken.

FÜNF-KRÄUTER-MAYONNAISE

Alle Zutaten bis auf das Öl miteinander verrühren. Das Öl langsam zugeben und zu einer cremigen Mayonnaise schlagen.

SESAM-HIPPE

Eiweiß und Zucker glattrühren. Mehl zugeben, anschließend Stärke und Flor de Sal zugeben. Flüssige Butter, Sesampaste und Wasser zugeben und unter Rühren aufkochen. Auf eine Silikonbackmatte geben mit Sesamkörnern bestreuen und bei 160 °C Umluft ca. 30 Minuten backen.

SAKE-VELOUTÉ

Öl und Butter erhitzen, Knoblauch und Schalotten darin glasig anschwitzen. Senfkörner, Pfefferkörner und Lorbeer hinzugeben und ebenfalls kurz anschwitzen. Sake zugeben und zur Hälfte reduzieren lassen. Brühe und Sahne zugeben und aufkochen. Anschließend zur Seite stellen und für eine Stunde ziehen lassen. Mit dem Abrieb einer Zitrone, einem Spritzer Zitronensaft und Flor de Sal abschmecken. Durch ein Sieb passieren und mit etwas Stärke abbinden.

ANRICHTEN

Spinat in die Tellermitte geben und 2 EL von *The HouseDressing Singapore* dazugeben. Lachs auf dem Spinat drapieren und eine schöne Nocke Kaviar daraufsetzen. 2 Tupfen von der Fünf-Kräuter-Mayo auf den Fisch geben und mit der Hippe ausgarnieren. Die Velouté aufschäumen und um den Fisch herum geben.

Geräucherter Aal & Whisky

ZUTATEN FÜR 4 PERSONEN

- 300 g Buchweizen, ganz, geschält
- 20 g The scRUB wild juniper (ST)
- 4 große Kräuterseitlinge, in Streifen
- etwas geröstetes Sesamöl (BF)
- etwas The scRUB special pepper (ST)
- 12 Streifen Räucheraal ohne Haut à 3 cm, TK (BF)
- 200 ml The Barrique Style BBQ-Sauce (ST)
- Frühlingszwiebelringe für die Deko

ZUBEREITUNG

Den Buchweizen in ausreichend gesalzenem Wasser ca. 25 Minuten kochen, abgießen und mit *The scRUB wild juniper* würzen.

Die in Streifen geschnittenen Kräuterseitlinge mit Öl und etwas Sesamöl braten und mit *The scRUB special pepper* würzen.

Den Aal mit *The Barrique Style BBQ-Sauce* bestreichen, unterm Salamander oder im Ofen unter dem Grill bei 240 °C Umluft ca. 2 Minuten erwärmen, bis die Sauce Blasen wirft.

Den Buchweizen, die Kräuterseitlinge und den Aal in Schälchen anrichten und servieren. Mit ein paar Frühlingszwiebelringen garnieren.

Pulpo „Ernesto Spezial“

ZUTATEN FÜR 4 PERSONEN

8 Pulpoarme, gegart (OG)
2 Bio-Zitronen, in feinen Scheiben
300 ml Läuterzucker
500 g Bio-Kartoffeln, Sorte Linda, geschält
150 ml natives Olivenöl
1 Bund Basilikum, in feinen Streifen
100 g The scRUB yuzu cashew (ST)
Olivenöl zum Braten
1 Schale Gurken-Kresse (BF)
Flor de Sal (ST)
Pfeffer aus der Mühle
200 ml The Oriental Style Würzsauce, erwärmt (ST)

ZUBEREITUNG

Die Pulpoarme auspacken, auf die gewünschte Größe portionieren und zum Trocknen auf ein Küchenkrepp legen.

Die dünnen Zitronenscheiben einmal im Läuterzucker kurz aufkochen, den Topf sofort zur Seite stellen, den Topf verschließen und die Zitronen ziehen lassen.

Die Kartoffeln in leicht gesalzenem Wasser ca. 15 Minuten weichkochen, ausdämpfen lassen und kleinstampfen. Dabei das Olivenöl nach und nach sowie den Basilikum dazugeben und abschmecken.

Den Pulpo mit *The scRUB yuzu cashew* von allen Seiten würzen, in Olivenöl von allen Seiten goldbraun anbraten und anschließend auf einem Küchenkrepp abtropfen lassen. Den Pulpo nochmals mit *The scRUB yuzu cashew* nachwürzen und dann dekorativ auf dem Kartoffelstampf gemeinsam mit dem Zitronenconfit und der Gurken-Kresse anrichten.

Die warme *The Oriental Style Würzsauce* ist ein orientalischer Begleiter für dieses leichte Gericht.

Schneekrabbe & Chorizo

ZUTATEN FÜR 4 PERSONEN

150 g Schalotten, in feinen Würfeln

Olivenöl

400 g Erbsen, extra fein, TK, aufgetaut

400 ml Prunier Feiner Hühnerfond (CHP)

250 g Chorizo Duroc, Paprikawurst mit Sherry (BF)

100 ml Weißwein

480 g Hummersuppe mit Cognac (CHP)

400 g Schneekrabben, Oberschenkelfilets (OG)

30 g Butter

100 g The scRUB yuzu cashew (ST)

1 Schale Erbsensprossen

Flor de Sal (ST)

Pfeffer aus der Mühle

ZUBEREITUNG

100 g Schalottenwürfel in Olivenöl anschwitzen, Erbsen zugeben und mit dem Hühnerfond auffüllen. Die Flüssigkeit um zwei Drittel reduzieren lassen. Danach die heißen Erbsen mit dem restlichen Fond im Mixer pürieren.

Ein Drittel der Chorizo in Scheiben schneiden und den Rest in Würfel. Chorizoscheiben im Backofen bei 160 °C Umluft für 5 Minuten auslassen. 50 g Schalottenwürfel in einer Pfanne anschwitzen, Chorizowürfel zugeben, für 2 weitere Minuten anschwitzen und mit dem Weißwein ablöschen. Wenn der Weißwein komplett verkocht ist, mit der Hummersuppe auffüllen, 2–3 Minuten einkochen lassen und durch ein feines Sieb schütten.

Das Schneekrabbenfleisch mit einem Küchenkrepp abtupfen und in einer Pfanne bei niedriger Temperatur in der Butter von beiden Seiten leicht anbraten und zum Abschluss mit *The scRUB yuzu cashew* würzen. Zum Anrichten das Erbsenpüree mittig auf dem Teller platzieren, die Schneekrabbenbeine und Chorizoscheiben auflegen, mit der Hummer-Chorizo-Sauce großzügig umgießen und mit Erbsensprossen garnieren.

Seafood-Pinsa

ZUTATEN FÜR 4 PERSONEN

SCHNITTLAUCH-MAYONNAISE

18 g Dijonsenf

9 g Flor de Sal (ST)

12 g Reisessig

40 g Eigelb

210 g Fünf-Kräuter-Öl by Sascha Stemberg (BF)

PULPO UND KALMAR

1 Pck. Pulpo, gekocht, in mundgerechten Stücken (OG)

1 Pck. Kalmar-Tuben, in Ringen (OG)

Flor de Sal (ST)

Pfeffer aus der Mühle

AUSSERDEM

4 Pinsa à 250 g (BF)

1 Glas The Asia Style Würzsauce (ST)

1 Glas Forellenrogen (CHP)

150 g Kirschtomaten, gelb und rot, halbiert

½ Bund Koriander

1 EL Röstknoblauch, in dünnen Scheiben

ZUBEREITUNG

Bis auf das Öl alle Zutaten für die Mayonnaise miteinander verrühren. Das Öl langsam hinzugeben und zu einer cremigen Mayonnaise schlagen.

Die Pulpostücke mit dem Kalmar in einer heißen Pfanne in etwas Öl scharf anbraten. Mit etwas Flor de Sal und Pfeffer würzen.

Die Pinsa großzügig mit *The Asia Style-Würzsauce* einpinseln im Ofen für 5 Minuten bei 220 °C Umluft backen. Nach dem Herausnehmen erneut mit etwas Sauce einpinseln.

Die Pinsa rasch mit Pulpo, Kalmar, Forellenrogen, halbierten Kirschtomaten, Koriander und Röstknoblauch belegen und mit der Mayonnaise beträufeln.

Skrei & Kaviar

ZUTATEN FÜR 4 PERSONEN

400 ml Rapsöl

2 Schalotten, in feinen Würfeln

10 g Butter

50 ml Weißwein

2 Gläser Prunier Buerre Blanc mit Vermouth (CHP)

600 g Skreifilet mit Haut (OG)

2 Stangen Lauch, in feinen Julienne

natives Olivenöl

1–2 Dosen Kaviar Prunier St. James (CHP) oder je nach Geschmack

Flor de Sal (ST)

ZUBEREITUNG

Einen mittelgroßen Topf mit dem Rapsöl füllen und diesen bei kleiner Flamme auf den Herd stellen. Die Schalottenwürfel in einem weiteren Topf in der Butter glasig anschwitzen, mit dem Weißwein ablöschen und diesen dann komplett einkochen lassen. Wenn die Schalotten ohne Flüssigkeit im Topf liegen, beide Gläser Buerre Blanc aufschütten und einmal kurz aufkochen lassen.

Den Skrei aus der Verpackung nehmen und das Filet zum Atmen auf ein Schneidebrett legen. Gern können die Filets schon auf die gewünschte Größe portioniert werden. Das Rapsöl nun auf 140 °C erhitzen, um die vorbereiteten Lauchstreifen langsam zu frittieren. Die frittierten Lauchstreifen auf Küchenkrepp abtropfen lassen und leicht salzen.

Olivenöl in einer beschichteten Pfanne erhitzen und den Skrei mit der Hautseite hineinlegen. Den Fisch bei mittlerer Hitze goldbraun auf der Haut braten, kurz vor Fertigstellung umdrehen und schon nach 45 Sekunden aus der Pfanne holen, dann auf Küchenkrepp abtropfen lassen.

Wenn die Buerre Blanc die gewünschte Konsistenz erreicht hat, die Hälfte vom Kaviar in die Sauce geben. Die Sauce darf nun nicht mehr kochen!!! Die Sauce auf vier Teller verteilen, die Fischfilets auflegen mit Lauchstroh und dem restlichen Kaviar dekorieren und sofort servieren.

Strozzapreti & Bottarga

ZUTATEN FÜR 4 PERSONEN

500 g Strozzapreti (BF)
1 Glas Bouillabaisse (OG)
1 Dose Miesmuscheln aus Galicien (BF)
etwas Stärke zum Binden
1 Pck. Pulpoarme, gegart (OG)
1 Glas halbgetrocknete Tomaten, Casa Rinaldi (BF)
1 Schale Gurkenkresse
Flor de Sal (ST)
Pfeffer aus der Mühle
80 g Bottarga di tonno (BF)

ZUBEREITUNG

Die Strozzapreti in reichlich Salzwasser mit etwas Olivenöl al dente kochen.

Die Bouillabaisse und die Miesmuscheln in einem Topf erwärmen und nach eigenem Geschmack mit etwas Stärke binden.

Die Pulpoarme mit Küchenkrepp abtupfen, in 3 cm lange Stücke schneiden und im Öl der getrockneten Tomaten 2 Minuten scharf anbraten. Zum Schluss noch 12–16 halbgetrocknete Tomatenecken zugeben und mit dem Pulpo schwenken.

Zum Anrichten die frisch gekochte Pasta mit der Bouillabaisse mischen und auf die Teller verteilen. Den Pulpo und die Tomaten gleichmäßig verteilen und mit der Gurkenkresse garnieren.

Die Bottarga dann vor dem Gast am Tisch frisch auf die Pasta reiben.

Thunfisch-Burger

ZUTATEN FÜR 4 PERSONEN

8 Ramenburger Nudelbuns (BF)

1 Glas The scRUB Yuzu Cashew (ST)

1 Spitzkohl, in feinen Streifen

200 ml The Asia Style Würzsauce (ST)

8 Mini-Pak-Choi

200 ml The HouseDressing Singapore (ST)

20 Stangen Thaispargel

1 Hardy Thunfischfilet, kaltgeräuchert (OG)

Pfeffer aus der Mühle

Rapsöl

ZUBEREITUNG

Die Nudelbuns auf mittlerer Hitze in der Pfanne goldbraun anbraten, auf Küchenkrepp abtropfen lassen und mit *The scRUB Yuzu Cashew* leicht würzen.

Die Spitzkohlstreifen mit *The Asia Style Würzsauce* marinieren.

4 Mini-Pak-Choi in mittlere Balken schneiden und mit *The HouseDressing Singapore* marinieren.

Den Thaispargel, die übrigen 4 Mini-Pak-Choi im Ganzen und den geräucherten Thunfisch auf dem Grill für 5 Minuten bei stetigem Wenden anrösten.

Zum Anrichten den ersten Nudelbun auf den Teller legen und den Spitzkohl gut darauf verteilen. Dann den in Scheiben geschnittenen Thunfisch verteilen und mit den Pak-Choi-Balken und dem Thaispargel belegen. Den zweiten Nudelbun anlegen oder als Deckel für den Burger nutzen.

Der gegrillte Mini-Pak-Choi dient als leckere Dekoration.

Unagi Sommerrolle

ZUTATEN FÜR 6 PERSONEN

200 g Aalfilet, geräuchert (Unagi) (BF)

200 g Gelbe Bete, geschält, sehr dünn gehobelt

100 g The HouseDressing Ste. Maxime (ST)

150 g wilder Brokkoli, geputzt

100 g Glasnudeln

12 Blätter Reispapier (Ø 16 cm) (BF)

150 g wilder Brokkoli

1 Römersalatherz, geputzt

½ Bund Koriander, gezupft

30 g Peperoni, in dünnen Scheiben

100 g Möhrenjulienne

Rote Bete-Scheiben, gefriergetrocknet (BF)

Koriander, gezupft

2 Peperoni, fein geschnitten

2 Limetten, in Sechstel geschnitten

400 g The Altbier Style BBQ-Sauce (ST)

ZUBEREITUNG

Das Aalfilet der Länge nach dritteln, die Streifen ebenso dritteln. Die dünn gehobelte Gelbe Bete mit *The HouseDressing Ste. Maxime* vakuumieren oder sanft durchkneten und mit dem Dressing bedeckt kaltstellen.

Den Brokkoli für ca. 10 Minuten in stark gesalzenem Wasser bissfest garen und in Eiswasser abschrecken. Die Glasnudeln mit kochendem Wasser übergießen, 10 Minuten ziehen lassen und anschließend abgießen.

Das Reispapier durch kaltes Wasser ziehen, mit Aal, Gelber Bete, Glasnudeln, Brokkoli, Römersalatherzen, Koriander, Peperoni und Möhrenjulienne belegen, fest einrollen und bis zur Weiterverwendung in Frischhaltefolie oder mit einem feuchten Tuch bedeckt kühl lagern.

Die Sommerrollen mit den Rote-Bete-Chips anrichten, mit Koriander, Peperoni und Limetteneck garnieren. Dazu *The Altbier Style BBQ-Sauce* als „Altbierlack“ servieren.

Für die Gemüseliebhaber

Quorn Baby Quorn – Der vegetarische Burger

ZUTATEN FÜR 4 PERSONEN

4 Burger-Buns (BF)

Öl zum Braten

4 Quorn-Burger-Patties (BF)

4 EL The Hemp Style Würzsauce (ST)

4 EL The Chimichurri Style-Sauce (ST)

Baby-Leaf-Salat

4 EL The HouseDressing Jo Burg (ST)

1 Avocado, entkernt, in Scheiben

2 gelbe Strauchtomaten, in Scheiben

ZUBEREITUNG

Die Burger-Buns halbieren und mit etwas Öl in der Pfanne oder auf Grill aufknuspern.

Die Quorn-Patties mit *The Hemp Style Würzsauce* vermischen und in der Pfanne von beiden Seiten knusprig braten.

The Chimichurri Style-Sauce auf den Böden und Deckeln der Buns verteilen. Den Baby-Leaf-Salat mit *The HouseDressing Jo Burg* anmachen und mit den Avocadoscheiben auf den Boden geben. Die Patties und die Tomatenscheiben darauf geben. Deckel drauf, aus die Maus.

Pasta & Pilze

ZUTATEN FÜR 4 PERSONEN

500 g Tagliatelle mit Steinpilzen und Trüffel (CHP)

natives Olivenöl

200 g frische Steinpilze, in Würfeln

50 g Schalotten, in feinen Würfeln

Flor de Sal (ST)

Pfeffer aus der Mühle

540 ml Urbani – weiße Trüffel- und Steinpilzsauce (CHP)

1 Schale Kapuziner-Kresse

Granatapfelkerne für die Deko

200 g Pecorino, gerieben

ZUBEREITUNG

Die Tagliatelle in reichlich Salzwasser und einem Schuss Olivenöl al dente kochen.

Die Steinpilzwürfel mit den Schalotten in Olivenöl anbraten, leicht würzen, die Hitze runter drehen und die Trüffel-Steinpilzsauce zugeben.

Die heißen, abgeschütteten Tagliatelle in die Sauce geben, gut vermischen und mit einer Fleischgabel oder Zange vier gleichmäßige Portionen anrichten.

Mit Kresse und Granatapfelkernen dekorieren und den frisch geriebenen Pecorino beistellen.

Gyoza vegan

ZUTATEN FÜR 4 PERSONEN

Öl zum Braten

1 Pck. Gyoza Gemüse (BF)

150 g Hongkong Gailan (chinesischer Brokkoli), blanchiert

40 g Austernsauce

30 g Sojasauce

5 g Flor de Sal (ST)

Pfeffer aus der Mühle

1 Knoblauchzehe, in Scheiben

Öl zum Frittieren

1 Glas The Gin Style BBQ-Sauce (ST)

Koriander-Kresse

ZUBEREITUNG

Etwas Öl in einer Pfanne bei mittlerer Stufe erhitzen, die Gyoza hineinsetzen und anbraten, bis die Unterseite goldbraun ist. Nun einen Schuss Wasser zugeben und mit einem Deckel abdecken. Für ca. 3–4 Minuten abgedeckt dämpfen lassen.

Den Gailan auf ca. 15 Zentimeter kürzen und im heißen Wok oder Pfanne mit etwas Öl anschwitzen. Mit Austernsauce, Sojasauce, Flor de Sal und Pfeffer abschmecken.

Den Knoblauch in Scheiben schneiden. In einem kleinen Topf reichlich Öl erhitzen und die Knoblauchscheiben portionsweise langsam darin frittieren. Mit einem Schaumlöffel herausnehmen und abtropfen lassen.

Zum Anrichten zwei Esslöffel *The Gin Style BBQ-Sauce* auf den Teller geben und den Hongkong Gailan daneben drapieren. Die Gyoza nun mit der angebratenen Seite nach oben anrichten. Mit Kresse garnieren.

Hack-Taco „vegan“

ZUTATEN FÜR 6 PERSONEN

210 g Greenforce Hack (BF)

420 ml Wasser

5 g The scRUB special pepper (ST)

Flor de Sal (ST)

120 ml The Hemp Style Würzsauce (ST)

450 g Spitzkohl, fein geschnitten

150 ml The HouseDressing Jo Burg (ST)

8 g Malz vs. Senf (TLB), alternativ The scRUB Malt Mustard (ST)

1 Avocado, entkernt, in kleinen Würfeln

2 Strauchtomaten, in kleinen Würfeln

20 g Peperoni, in feine Scheiben

20 g Schnittlauch

Pfeffer aus der Mühle

½ Bund Koriander

12 Taco-Shells (BF)

2 Peperoni, in Streifen

1 Schale Buchweizen-Kresse oder Garten-Kresse

2 Limetten, gesechstelt

ZUBEREITUNG

Das vegane Hack mit Wasser und *The scRUB special pepper* mischen, 30 Minuten kaltstellen. Anschließend langsam in der Pfanne braten, dabei gründlich zerkleinern – das funktioniert mit einer Gabel sehr gut. Das Hack mit etwas Flor de Sal würzen und 90 ml *The Hemp Style Würzsauce* dazugeben.

Den fein geschnittenen Spitzkohl mit 150 ml *The HouseDressing Jo Burg*, *Malz vs. Senf* und Flor de Sal mischen, gut durchkneten und abschmecken. Avocado- und Strauchtomatenwürfel mit der restlichen *The Hemp Style Würzsauce*, etwas Peperoni, Schnittlauch, Flor de Sal und Pfeffer mischen. Den Koriander zupfen.

Zum Anrichten die Taco-Shells zuerst mit etwas Krautsalat und anschließend mit dem veganen Hack füllen. Die Avocado-Mischung darauf verteilen, mit Peperoni, Kresse und Koriander garnieren. Limettenecken dazu reichen.

Hackbällchen „vegan"

ZUTATEN FÜR 4 PERSONEN

250 g Greenforce Hack (BF)
Öl zum Braten
100 g gekochte Kichererbsen
1 EL Tahini (BF)
½ Bund geschnittener Koriander
3 EL Olivenöl

1 Knoblauchzehe
½ Zitrone
Flor de Sal (ST)
Pfeffer aus der Mühle
4 g Cashew loves Yuzu (TLB), alternativ The scRUB Yuzu Cashew (ST)

120 ml The Oriental Style Würzsauce (ST)
20 Kichererbsen als Deko
20–24 Spitzen Mais-Kresse
1 Bd. Affila-Kresse

ZUBEREITUNG

Das vegane Hack mit 300 ml Wasser anrühren und 30 Minuten quellen lassen. Die Masse zu Hackbällchen à 60 g formen und in einer Pfanne mit Öl anbraten.

Die gekochten Kichererbsen mit Tahini pürieren und mit Koriander, Olivenöl, Knoblauch, Zitronensaft, Flor de Sal, Pfeffer und Cashew loves Yuzu abschmecken.

Die Hackbällchen mit *The Oriental Style Würzsauce* und Hummus anrichten.

Mit Kichererbsen, Mais-Kresse und Affila-Kresse garnieren.

Desserts, die begeistern

Cassis-Schoko-Törtchen

ZUTATEN FÜR 8 PERSONEN

4 Törtchen „Cassis-Schoko“, halbiert (OG)

60 g Schmand oder Joghurt

1 Glas Fruchtaufstrich „Cassis“ (TT)

500 g Cassis-Sorbet (BF)

160 g gemischte Beeren

ZUBEREITUNG

Ein halbiertes Törtchen auf dem Teller anrichten.

Schmand oder Joghurt glattrühren und 3–4 TL Fruchtaufstrich unterrühren, dekorativ neben dem Törtchen verteilen. Die Beeren ebenfalls mit etwas Aufstrich vermischen/marinieren und dazu anrichten.

Mit einem Eisportionierer oder einem Löffel das Sorbet daneben platzieren und servieren.

„Kaffeekränzchen“

ZUTATEN FÜR 8 PERSONEN

4 Törtchen „Kaffeekränzchen“ (OG)
80 g Schmand
1 Flasche Chai-Sirup (250 ml)
1 Tüte Tonkabohnenkekse (TT)
500 g Haselnusseis (BF)

ZUBEREITUNG

Ein halbiertes Törtchen auf dem Teller anrichten.

Den Schmand mit etwas Chai-Sirup aromatisieren und auf dem Teller verstreichen, dann etwas Chai-Sirup dazu träufeln.

Ein paar Tonkabohnenkekse zerkrümeln und neben dem Törtchen anrichten. Mit einem Eisportionierer oder einem Löffel das Eis daneben platzieren und servieren.

Passion White

ZUTATEN FÜR 8 PERSONEN

4 Törtchen „Passion White“ (OG)

1 Glas Fruchtaufstrich „Maracuja“ (TT)

4 EL Schmand

1 Tüte Granola (TT)

500 g Mangosorbet (BF)

ZUBEREITUNG

Ein halbiertes Törtchen auf dem Teller anrichten.

2–3 Esslöffel Fruchtaufstrich mit dem Schmand verrühren und dekorativ verstreichen. Granola dekorativ neben dem Törtchen verteilen.

Mit einem Eisportionierer oder einem Löffel das Sorbet auf den Bröseln platzieren und servieren.

„Pistazie Deluxe“

ZUTATEN FÜR 8 PERSONEN

4 Törtchen „Pistazie Deluxe“ (OG)

80 g Schmand

1 Glas Fruchtaufstrich „Himbeere“ (TT)

1 Schale Himbeeren, halbiert

1 Tüte Cantuccini (TT)

500 g Himbeersorbet (BF)

ZUBEREITUNG

Ein halbiertes Törtchen auf dem Teller anrichten.

Schmand glattrühren und 3–4 Teelöffel Fruchtaufstrich unterrühren. Die Creme mit den halbierten Himbeeren dekorativ neben dem Törtchen verteilen.

3–4 Cantuccini zerbröseln oder kleinhacken und einen Esslöffel je Teller darauf verteilen. Mit einem Eisportionierer oder einem Löffel das Sorbet auf den Bröseln platzieren und servieren.

Tarte au citron „Casa Susalie“

ZUTATEN FÜR 4 PERSONEN

100 ml Zitronensaft, frisch gepresst
100 g Zucker
4 Eier, Größe M
120 g Butter, kalt, gewürfelt
4 Dessert-Tartelettes, rund, 10 cm (BF)
2 Eiweiß
1 Prise Salz
110 g Puderzucker
1 Flasche Cassis-Sauce/Coulis (BF)
1 Schale Himbeeren
1 Schale Sesam mit Yuzu-Geschmack (BF)
1 Schale Tagetes-Kresse
250 g Cassis-Sorbet (BF)

ZUBEREITUNG

Zitronensaft, Zucker und langsam unter ständigem Rühren auf 82 °C im Topf erhitzen. Die Mischung etwas abkühlen lassen und die Butterstücke mit dem Stabmixer einmontieren, also nach und nach einrühren. Die noch warme Masse sofort in die Tartelettes füllen.

Aus Eiweiß, Salz und Puderzucker mit Hilfe eines Rührgerätes den Eischnee zaubern, in einen Spritzsack füllen und viele kleine Tupfer auf die gekühlte Tarte spritzen. Das Eiweiß mit einem Bunsenbrenner abflämmen.

Mit Cassis-Coulis, Himbeeren, Yuzu-Sesam und Tagetes-Kresse dekorieren und das Cassis-Sorbet als erfrischende Beigabe servieren.

Warme Schokolade mit Salz-Karamell

ZUTATEN FÜR 4 PERSONEN

4 Schokoladenkuchen mit flüssigem Salzkaramellkern (BF)
100 g Naturjoghurt
50 g Puderzucker
1 Zitrone
1 Flasche Erdbeer-Coulis/Sauce (BF)
1 Flasche Cassis-Coulis/Sauce (BF)
1 Flasche Exotische Früchte-Coulis/Sauce (BF)
1 Schale Beerenmix für die Deko

ZUBEREITUNG

Den Schokoladenkuchen im gefrorenen Zustand für 10 Minuten bei 200 °C Umluft backen.

Den Joghurt mit Puderzucker und Zitronensaft abschmecken und in eine Spritzflasche mit Spitze füllen. Die Frucht-Coulis und die Jogurt-Sauce abwechselnd in Kreisen auf dem Teller verteilen, dann mit einem Holzspieß von innen nach außen und andersrum durch die verschiedenen Saucenschichten ziehen.

Den warmen Kuchen in der Mitte des Tellers platzieren und mit Beeren dekorieren.

IMPRESSUM

HEEL Verlag GmbH
Gut Pottscheidt
53639 Königswinter
Tel.: 02223-9230-0
Fax: 02223-9230-13
info@heel-verlag.de
www.heel-verlag.de

© 2024 HEEL Verlag GmbH

Dieses Buch erscheint im Rahmen einer Kooperation mit dem Deutschen Fachverlag, Frankfurt am Main.

Alle Rechte, auch die des Nachdrucks, der Wiedergabe in jeder Form und der Übersetzung in andere Sprachen, behält sich der Herausgeber vor. Es ist ohne schriftliche Genehmigung des Verlags nicht erlaubt, das Buch und Teile daraus auf fotomechanischem Weg zu vervielfältigen oder unter Verwendung elektronischer bzw. mechanischer Systeme zu speichern, systematisch auszuwerten oder zu verbreiten.

Dieses Buch und die darin enthaltenen Rezepte wurden nach bestem Wissen und Gewissen verfasst. Weder der Verlag noch der Autor tragen die Verantwortung für ungewollte Reaktionen oder Beeinträchtigungen, die aus der Verarbeitung der Zutaten entstehen. Für Schäden, die bei der Zubereitung der Gerichte an Personen oder Küchengeräten entstehen, wird keine Haftung übernommen.

Rezepte: Andreas Fellen, Mirko Gaul, Matthias Ludwigs, Norman Metzig, Ernst Petry,
Johannes Schröder, Keita Wojciechowski

Rezeptfotos: Helge Unterweg

Fotos der Köche (Seite 5–7):
Foto Andreas Fellen – Andreas Fellen
Foto Ernst Petry – Günter Sandt
Foto Johannes Schröder – Küchenfreunde
Foto Keita Wojciechowski – Keita Wojciechowski
Foto Matthias Ludwigs – Matthias Ludwigs
Foto Mirko Gaul – Excelsior Hotel Ernst
Foto Norman Metzig – Sascha Perrone (Essberichte)

Lektorat: Annemarie Ulrich, Hendrik Wolff

Gestaltung: Bernadett Linseisen (schere.style.papier), München

Unter Verwendung FSC®-zertifizierten Materials gedruckt

- Alle Rechte vorbehalten -
- Alle Angaben ohne Gewähr -

Printed in Latvia

ISBN 978-3-7588-0004-7